DIE EINZIGE MÖGLICHKEIT, IM SCHLAF GELD ZU VERDIENEN

VON

JUSTIN MACDONATUS

INHALTSVERZE ICHNIS

SIE HABEN ES GESAGT

„Unmöglich ist ein Wort im Wörterbuch
eines Narren, und ich bin kein Narr!"

-   NAPOLEON BOURNAPARTE

DIESES BUCH ANTWORTET DIE FOLGENDEN FRAGEN!

1. Kann man auf dieser Erde im Schlaf Geld verdienen?
2. Wie kann dies geschehen?
3. Ist es nicht dasselbe, als würden Sie Ihre Einnahmequellen auf Autopilot stellen?
4. Machen Sie nicht nur einen Werbegag für Matratzenhersteller?
5. Sprechen wir von Personen im bezahlten Urlaub?
6. Ist es etwas Neues unter der Sonne?

7. Kannst du bitte die Füller rausschneiden und den Nagel auf den Kopf treffen?

WARUM IST DAS DER EINZIGE WEG?

Um dies zu verstehen, müssen wir definieren, was wir unter **Schlaf verstehen.**

Das bedeutet einfach, dass **Sie weggehen** oder sich etwas anderem zuwenden können, ohne gestört oder gerufen zu werden, um einige Dinge zu beheben, damit das Geschäft weiter aufgebaut und ertragreich wird.

Einmal erstellt, überwacht sich dieses System fortwährend **selbst** .

Es **braucht nicht einmal Maschinen** , um es zu automatisieren. Es ist selbstladend.

Es ist auch **selbstregulierend.**

Es ist, als würden einige gut ausgebildete Fallschirmjäger mit dem Fallschirm in das Lager des Feindes springen. Sie wissen nicht nur, was zu tun ist, sondern tun es tatsächlich und kehren sicher zurück, um sich auf eine weitere Reise vorzubereiten.

Nur dass in diesem Fall die Fallschirmjäger keine zusätzlichen Anweisungen benötigen, um das Notwendige zu tun.

EINSATZ

Dieses Buch ist so vielen wie möglich gewidmet, nicht nur relevante, sondern praktische Informationen, ohne einen ganzen Tag darauf warten zu müssen.

WARNUNG

Die Lehren dieses Buches sind:

1. Nichts für Lilienherzige.
2. Es ist auch kein Schema, um schnell reich zu werden. Es hat keine Toleranz für Erfolg bei Nachtflug!
3. Auch kein Glücksspiel.
4. Sicher nichts für Faule.
5. Es wird auch nicht für Händler empfohlen, die für kurzfristigen Gewinn kaufen und verkaufen.
6. Es ist natürlich nichts für diejenigen, die das Wetter beobachten.
7. Es ist nur etwas für die Fleißigen, Mutigen und Mutigen.

KAPITEL EINS

WAS WIR REDEN

In diesem Buch geht es darum, sieben (7) Dinge zu tun.

1. Reichtum nur mit dem menschlichen Verstand schaffen.
2. Genügend davon schaffen, um Generationen zu dienen.
3. Erstellen Sie es mit minimalem Arbeitsaufwand.
4. Es so zu gestalten, dass es von sich aus mehr Wohlstand schafft.
5. Es so zu gestalten, dass die Unternehmer auch schlafen können.
6. Es zu schaffen, ohne von Maschinen abhängig zu sein, um es am Laufen zu halten, obwohl Maschinen darin eine Rolle spielen.
7. Dabei rundum Glück schaffen.

ZITIEREN

"Fantasie ist wichtiger als Wissen. Denn Wissen ist auf alles beschränkt, was wir jetzt wissen und verstehen, während Vorstellungskraft die ganze Welt umfasst und alles, was es jemals zu wissen und zu verstehen geben wird."

—— Albert Einstein

KAPITEL ZWEI

SCHAFFEN SIE WETTBEWERBE FÜR MEHRJÄHRIGE TALENTE

Diese Wettbewerbe sollten nicht außerhalb der folgenden Bereiche liegen:

TEIL A

1. Musik und ihre verwandten Industrien wie Studios.
2. Schreiben in seinen verschiedenen Genres.
3. Publizieren in seinen verschiedenen Formen.
4. Sport in seinen verschiedenen Facetten.

5. Talkshows in verschiedenen Aspekten wie Comedy und Rap.
6. Filmvorführungen und Sketche.
7. Tanz- und Theaterveranstaltungen und Wettbewerbe.

TEIL B

8. Lassen Sie den Masterplan Wohneigentum vorsehen.
9. Gründen Sie Unternehmen, um Sportanlagen, Hotels, Herbergen, Veranstaltungszentren usw. zu besitzen oder zu betreiben.
10.   Planen Sie absichtlich, 500.000 bis 1 Million Menschen entweder zu Hause oder auf der Durchreise zu haben.
11. Richten Sie Event Creation- und Marketing-Ventures ein.
12. Richten Sie eine oder mehrere Immobilienverwaltungsgesellschaften ein.
13. Lasst es Kinderentwicklungszentren geben.

14. Schaffen Sie Wissens- und Kompetenztransfer sowie Institutionen und Schulen für Jugendliche und Erwachsene.
15. Schaffen Sie relevante Unternehmungen und Partnerschaften für Lebensmittelkreation, -verpackung und -marketing.
16. Aufbau von Hygiene- und Abfallwirtschaftsbetrieben.
17. Richten Sie die Landwirtschaft und verwandte Industrien ein.
18. Sie sollten auch Geschäfte und Supermärkte erstellen.
19. Richten Sie E-Commerce und verwandte Unternehmen ein.
20. Richten Sie das Bauwesen und verwandte Industrien ein.
21. Mikrofinanzinstitute gründen.
22. Richten Sie Solar- und verwandte Industrien ein.
23. Richten Sie relevante Sicherheitsausrüstung und -dienste ein.

24. Einrichten von Gartenbau- und Innendekorationsdiensten.
25. Null-Abfall-Politik.
26. Planen Sie null Jäten ein.
27. Planen Sie, Ihr eigenes Licht zu erzeugen.
28. Richten Sie Werbe- und Kommunikationsstationen, -kanäle und -publikationen ein.
29. Arbeite daran, nicht mit Geduld, sondern mit langem Leiden. Wenn die Vision verspätet ist, warte darauf, denn sie wird sich sicher auszahlen.
30. Planen Sie die Entwicklung strategisch bis zum Höhepunkt innerhalb von 7 Jahren. Usw.

KAPITEL DREI

WIE KANN DAS GEMACHT WERDEN?

Sie müssen die folgenden Schritte ausführen.

1. Entwickeln Sie einen durchdachten Masterplan für eine vollständig integrierte, völlig neue und autarke, aber intelligente Stadt.
2. Die Stadt muss modern sein. Es muss gut geplant und futuristisch sein.
3. Es muss auch technologiegetrieben sein.
4. Und digitalkonform. Die Stadt muss zum Beispiel Zugang zu kostenlosem WLAN haben, wo es möglich ist!

5. Arbeiten Sie mit gleichgesinnten Männern und Frauen zusammen. Wenn möglich, identifizieren Sie eine soziale Ursache oder Bindung.
6. Bauen Sie eine Assoziation um Ihr soziales Anliegen oder Ihre Bindung auf.
7. Artikulieren Sie Ihre Vision und Mission so klar, dass Männer und Brüder sie mit großer Leichtigkeit verstehen und sich daher leicht anschließen können.
8. Sammeln Sie gemeinsam ein Kapital von mindestens vierzig Millionen Naira. [...Dollar]. Das geht vielleicht nicht auf einen Schlag.
9. Ratenzahlungen sollten erlaubt sein. Die Projekte sollten sich in Phasen entwickeln/beginnen.
10. Vermeiden Sie Kredite. Rückzahlungsbedingungen für Kredite können manchmal

quälend sein und Visionen töten. Vorsicht vor Zinseszinsen!

11. Land kaufen. Gehen Sie auf jungfräuliches Land, egal wie abgelegen. Versuchen Sie, der Change Agent zu sein. Lassen Sie sich nicht entmutigen, denn Sie könnten der Erste sein, der dorthin geht.

12. Achten Sie darauf, von denen zu kaufen, die das Recht haben, zu verkaufen.

13. Stellen Sie sicher, dass Ihr Eigentum vollständig dokumentiert ist.

14. Verkaufen Sie einen Teil des Landes an Ihre Partner und Außenstehenden, die Ihren Geschäftsbedingungen zustimmen. Die AGB müssen eine bedingungslose Annahme Ihrer Vision und Mission beinhalten.

15. Geben Sie Ihren Partnern das Recht auf erste Erwähnung, um einige der Geschäfte und

Unternehmungen in der Stadt zu führen. Dies soll ein zusätzlicher Anreiz für sie sein, in der neuen Stadt zu investieren.

16. Franchise einige der anderen Dienstleistungen und Investitionen an konforme Außenstehende.

17. Stellen Sie sicher, dass sich die beteiligten Unternehmen ineinander integrieren. Dies sollte sowohl vorwärts als auch rückwärts funktionieren. Die meisten Abfälle einiger Unternehmen sollten Rohstoffe für andere beteiligte Unternehmen sein.

18. Ziel ist eine Stadt der Zuflucht. Die neue Stadt sollte beispielsweise im Falle einer weiteren [lokalen oder globalen] Abriegelung mindestens zwei Jahre überleben können.

19. Stellen Sie Ihren eigenen Bedarf her. Diese sollte die

Grundbedürfnisse des Menschen umfassen.

20. Lassen Sie auch Ihre Aktivitäten, einschließlich Ihres Ackerbaus und Ihrer Tierhaltung sowie anderer Investitionen, sicherheitsorientiert sein. Züchte zum Beispiel Sicherheitshunde.

21. Haben Sie einen klar artikulierten Verhaltenskodex. Das soll sowohl für Vermieter als auch für Mieter der neuen Stadt gelten.

22. Hebelwirkung auf den globalen Tourismus.

23. Wählen Sie die Schaffung von Arbeitsplätzen dort, wo sie mit der Technologie kollidieren.

24. Nutzen Sie Talente. Fördern Sie die Entdeckung und Entwicklung von Talenten.

25. Partnerschaft mit Berufsverbänden.

26. Personen ohne Papiere nicht zulassen.

27. Lassen Sie keine Monopole zu.

28. Sorgen Sie für Notfälle wie Feuer und den Ausbruch von Krankheiten und bereiten Sie sich darauf vor.

29. Sorgen Sie für: Park and Ride.

30. Lärmbelästigung nicht zulassen.

31. Erlauben Sie keine illegalen Strukturen.

32. Förderung alternativer Energiequellen zu Benzin.

33. Geben Sie die Schlüssel der Ehrenstadt ab.

34. Arbeite an Stipendien und Crowdfunding.

35. Veranstalten Sie eine jährliche Veranstaltung für Journalisten.

36. Planen Sie den Export.

37. Mobilisieren Sie, um internationale Konferenzen und Seminare zu veranstalten.

38.   Seien Sie sozial verantwortlich. Erreichen Sie Ihre Nachbarn.
39.   Planen Sie ein Mini-Filmdorf.
40.   Lass die Stadt für etwas stehen. Usw.

„Solange die Erde besteht,
Saatzeit und Erntezeit,
wird niemals aufhören."

- Die Bibel

KAPITEL 4

WARUM SCHLAFEN GEHEN?

1. **Es wird einen stetigen Geldzufluss für Sie und andere Investoren geben.**
2. **Dies liegt vor allem daran, dass es sich um ein schlüsselfertiges Projekt handelt** . Einmal gestartet dreht er sich garantiert von alleine weiter.
3. Sie haben **eine Bevölkerung** von Menschen erschaffen.
4. Diese Population muss erfüllt werden. Somit gibt es einen bereiten Markt für alles, was Sie verkaufen müssen. Es besteht also **eine große Nachfrage** !

5. Sie haben auch nicht nur fertige Unternehmen geschaffen, sondern **stetige Lieferungen!**

Sie haben **soziale Einrichtungen privatisiert.** Daher sind nicht nur die Einrichtungen verfügbar und erleichtern das Leben, die Menschen bleiben auch gerne in der Umgebung .

6. Durch die Privatisierung der Unternehmen und Einrichtungen haben Sie **Arbeitsplätze geschaffen. Dadurch wird sichergestellt, dass das Geld** innerhalb der neuen Stadt zirkuliert und nicht nur zu Lasten der neuen Stadt und ihrer Investoren in die Nachbargemeinden abgeführt wird.

7. Die Stadt wird gut bekannt gemacht. Das liegt vor allem an Ihrem engen Umgang mit Journalisten und über die Aktivitäten Ihrer Medienkanäle.

Gute Publicity führt zu Geschäftszuflüssen, die woanders hingegangen wären. Das wiederum bedeutet mehr Umsatz!

8. Da es eine friedliche Umgebung und schöne/Weltklasse-Hotels und ähnliche Institutionen geben wird, **wird es einen stetigen Zustrom von Touristen und Unterhaltungssuchenden mit den damit verbundenen finanziellen Auswirkungen geben!**

9. Es wird eine saubere Stadt sein. **Daher werden verschiedene gefährliche Krankheiten in Schach gehalten.** Wenn die Bewohner ihr Geld nicht für Krankenhäuser und Krankenhausaufenthalte verschwenden müssen, haben sie mehr entbehrliche Mittel.

10. Einige der Talente, die Ihre Stadt hervorbringt, werden **global**

und bringen Devisen ein. Einiges davon wird sicherlich den Weg zurück in die Stadt finden.

11. Die angeschlossenen **Betriebe werden Gewinne erwirtschaften** .

12. Einige der gegründeten **Unternehmen werden der Stadt etwas zurückgeben** . Sie werden Projekte erstellen und durchführen, die der Stadt langfristig zum Wachstum verhelfen.

13. Ihre **Mikrofinanzbank** wird Mitarbeiter beschäftigen und Gewinne erzielen.

ANMERKUNGEN

ANMERKUNGEN

ANMERKUNGEN

ÜBER DEN AUTOR

Justin MacDonatus ist wissenschaftlicher Mitarbeiter. Als ehemaliger Redakteur verbringt er seine Zeit damit, Geschäftstrends zu recherchieren.